学汉语分级读物

①

Jìnguó de Gùshi

晋国的故事

第3级

历史故事

陈贤纯 编著

北京语言大学出版社
BEIJING LANGUAGE AND CULTURE UNIVERSITY PRESS

图书在版编目（CIP）数据

晋国的故事 / 陈贤纯编著 . — 北京 ：北京语言大学出版社，2017.8

（学汉语分级读物 . 第 3 级：历史故事）

ISBN 978-7-5619-5025-8

Ⅰ. ①晋… Ⅱ. ①陈… Ⅲ. ①汉语－对外汉语教学－语言读物 Ⅳ. ① H195.5

中国版本图书馆 CIP 数据核字（2017）第 197552 号

晋国的故事

JINGUO DE GUSHI

责任编辑：徐 雁 封面制作：西吉文化
插图绘制：北京冰河插画工作室 西吉文化
排版制作：北京创艺涵文化发展有限公司
责任印制：周 燚

出版发行：北京语言大学出版社
社 址：北京市海淀区学院路 15 号，100083
网 址：www.blcup.com
电子信箱：service@blcup.com
电 话：编辑部 8610-82303647/3592/3395
国内发行 8610-82303650/3591/3648
海外发行 8610-82303365/3080/3668
北语书店 8610-82303653
网购咨询 8610-82303908
印 刷：北京京华虎彩印刷有限公司

版 次：2017 年 8 月第 1 版
印 次：2017 年 8 月第 1 次印刷
开 本：850 毫米 ×1168 毫米 1/32 印 张：3.5
字 数：57 千字 定 价：29.00 元

PRINTED IN CHINA

编写说明

这是什么书？

这是为学汉语的人写的课外读物，有民间故事、文学故事、历史故事 3 个部分，一共有 50 本。

谁读这些书呢？

第一，学汉语的外国人。第二，生活在海外的华人子女。第三，中国国内学汉语的少数民族学生，甚至包括中国的小学生。

这些书有意思吗？难不难？

1. 这些书讲的故事很有意思，有很多中国文化的内容。你们在学习汉语的同时，也能了解中国文化。

2. 故事很容易懂。

我们把这些书分为 3 个等级：

级别	内容	册数	汉字量
第 1 级	民间故事	10 本	500 字
第 2 级	文学故事	20 本	800 字
第 3 级	历史故事	20 本	1200 字

第 1 级是最容易的，10 本书都是中国的民间故事。只要认识 500 个最常用的字，不用查词典，就能轻松读懂这 10 本书。

第 2 级有 20 本书，都是中国古代最有名的小说里的故事，认识 800 个汉字的人可以读懂。小说本来是很难的，可是我们讲得很简单，很容易懂。

第3级也有20本，认识1200个汉字的人可以读懂。这里讲的历史故事发生在2000多年前的中国。为什么给你们看过去的故事？因为文化是从过去来的，看看2000多年前的故事，才能真正知道中国人现在为什么这样想，为什么这样做。

每一本书都只有很少的字比较难，这些字有拼音，有插图，有说明，可以帮助你们读懂。

3. 每一本书都只有2～3万字，很快就可以读完一本，阅读会成为一件轻松、快乐的事。

4. 这套书一共有50本，很多，内容很丰富。读完这50本书，你们不但能了解中国文化，而且再也不会觉得中文难读懂了。

怎么样？快打开书，读一读这些有意思的故事吧！

关于历史故事

跟民间故事和文学故事不同，历史故事是真实的，是以前发生过的事。

这 20 本历史故事，选自公元前 770 年到公元前 202 年的历史。以《左传》《史记》《国语》《战国策》等历史记载为根据，只在细节上有一些连接和想象。

中国的历史很长，故事很多，为什么只选这一段时间？

因为这段时间，正是春秋战国到秦朝末年，这是一个乱世，乱世故事多。

这段时间也是中华民族文化大发展的时候。

中国文化的很多思想来自这个时期，很多故事来自这个时期，很多成语来自这个时期。

这个时期是中国文化的源头。

要了解中国，必须了解中国文化。

要了解中国文化，就不能不了解春秋战国时期的历史。

“历史故事系列”每一本都有一个编号，编号是根据大致的时间先后编排的，年代较远的在前，年代较近的在后。读者可以根据编号的先后阅读。

故事简介

周成王继位后，把弟弟叔虞封在了唐（现在的山西）。这就是后来的晋国。公元前676年，晋献公当了国君。后来，他的夫人骊姬想让自己年幼的儿子将来当国君，要求晋献公杀死3个已经成年的儿子。结果，晋献公的大儿子申生自杀，二儿子重耳和三儿子夷吾逃到国外。

晋献公死后，晋国开始动乱。直到公元前636年，重耳当了国君，晋国才强大起来，打败楚国称霸。

目　录

桐叶封唐

公元前 1046 年，周武王灭商（前 1600—前 1046），建立周朝（前 1046—前 256）。不久，周武王得了重病，死了。

他的儿子当了周王，就是周成王。当时周成王只有 13 岁，还是个孩子，当然不知道怎样治理国家。所以，武王的弟弟周公旦（dàn）代替成王来管理国家。

周成王有一个弟弟，叫叔虞（yú），比周成王小 1 岁。叔虞是个聪明可爱的孩子，非常讨人喜欢。哥哥成王跟弟弟很合得来，他很喜欢这个弟弟，两个人常常在一起玩儿。

一天，兄弟二人在院子里玩儿。成王捡起一片桐叶，用小刀切成长方形，递给弟弟，开玩笑说："兄弟，我把这个封给你了。"

桐叶

其实，帝（dì）王把一样东西送给别人时，一般说"赐（cì）"。不知道为什么，这次成王没有说"赐"，而说了一个"封"字。这两个字的意思不一样，帝王把一个地方送给臣子的时候才说"封"。

臣子　chénzǐ　古代帝王手下的官。

弟弟叔虞没管这些，笑嘻（xī）嘻地接过桐叶，说：“谢谢大哥。”

周成王虽然当了周朝的天子，可是他还是一个孩子，正在爱玩儿的年龄，本来只是跟弟弟说着玩儿的，谁都没有当真。

没想到这时候有一个人走到成王面前，问：“大王，您准备把叔虞封在哪里？”

成王抬头一看，是一个史官。

史官是干什么的？

史官是专门记历史的官。他们每天跟着周王，把周王说过什么、做过什么都记下来，这是他们的责任。

“咳（hāi），你别当真，我们玩儿呢。”成王说。

“天子没有开玩笑的话。说过了，史书就要记下来。您说要封叔虞，那就要封，都是算数的。”

“什么？”周成王傻了，他没想到当了天子跟弟弟开玩笑都不行了，“你也太认真了吧？这也要记下来？”

“是的，大王。”

“可是叔虞他只有12岁呀，我怎么能叫他离开家去管理一个国家呢？他也管理不了呀！”成王觉得这太没道理了。他抬头看着史官，想请史官别把这件事记下来。

“天子无戏言。”史官说，他的表情很认真，嘴闭得紧紧的，一点儿都不像可以商量的样子。

戏言 xìyán 开玩笑的话。

周成王不说话了，他知道说也没有用。

在周朝，史官是家族世袭的。成王虽然是天子，可是也不能把史官怎么样。如果他再说一些不适当的话，史官都会记下来，那更糟糕。

唉（ài），总之，他拿史官没办法。那时候的史官真的很厉害。

把叔虞封在哪儿呢？正好，前些日子唐国的狄（dí）人叛乱，周公派军队灭了唐国，还没有派人去那儿治理。

于是，成王就把叔虞封在了唐。所以，后来人们把叔虞称为唐叔虞。

唐在哪里？

在现在的山西省南部。那里的居民主要是夏人的后代，当时称为狄人。

夏、商、周是中国古代最早的3个朝代。夏朝始于公元前2070年，公元前1600年被商朝所灭。商朝在公元前1046年被周朝所灭。

周朝的时候，周王把王族和功臣封到各地去，建立小国，帮助他统治全国。这些小国服从周王，听从周王的命令。如果有战争，各小国必须派兵一起作战，保卫周王。所以当时的情况是大国下面有小国。

世袭 shìxí 世代相传。比如，父亲当史官，父亲死了，儿子当史官；儿子死了，儿子的儿子还当史官。这样一代一代传下去。

糟糕 zāogāo 情况很不好。

叛乱 pànluàn 武装反对自己原来的一方，对他们采取敌对行动。

一个 12 岁的小孩子当然不能一个人去管理一个国家。所以，母亲邑（yì）姜（jiāng）只好离开大儿子，跟着小儿子一起到唐国去，帮助儿子治理国家。跟随他们一起去的还有一些军队和一些有治理国家经验的官员，还有很多老百姓。

重建一个国家不是一件容易的事，好在有太后邑姜帮着。

邑姜是一位伟大的母亲，她很有德行，很有能力。

过了几年，叔虞长大了。他也是一个很有才能、德行很好的人。他们把唐国治理得很好。

在唐国生活的老百姓，有夏人的后代、商人的后代，还有周人，他们是不同的民族。邑姜母子规定：所有人全都平等，可以互相结婚。如果有人让不同民族的人互相不信任，打起来，就要被处死。

这样，各民族人民就能够和平相处。时间久了，他们就不再分什么民族了。

邑姜母子鼓励老百姓发展生产，不仅鼓励发展农业，也鼓励养牛羊，发展商业，鼓励周围国家的人来做生意。这样就使得唐国社会安定，老百姓能够安居乐业。

唐叔虞把国家治理得很好，历史上人们都说他是一位好君主。后人为了纪念他，修建了唐叔虞祠，就是现在山西太原的晋祠。

唐叔虞死后，他的儿子当了国君（jūn）。因为唐国有一条河，叫晋水，他就把国家改名为晋，因此就有了晋国。

此后，晋国经过了很多代君主，唐叔虞的后代很多，有的还到了晋国附近的国家。

祠 cí 一种建筑，里面有大厅，厅里放着前人的像，用于祭拜。

唇亡齿寒

过了几百年，周王的力量慢慢地越来越弱了，各地的小国不再听周王的话。小国渐渐地变成独立的国家，当时出现了大大小小一百多个国家。

后来，大国开始吞并小国，战争不断。

到了公元前676年，晋献公当了晋国的国君。

晋国的历代国君，不断地打仗，扩大领土，到晋献公的时候，领土已经比当初唐国的时候大得多了。

晋献公当国君以后，碰到的最大问题就是他的亲戚太多，他们势力很大。这些人团结起来，常常向他要更多的利益。

这些人都是晋国国君的后代。他们觉得，他们应该得到更多的土地、更多的房子、更多的钱，当更大的官。所以，他们会一起去跟晋献公闹。

晋献公不可能满足他们的无理要求，但是他也没有办法。

有大臣跟晋献公说，这样闹下去国家会出乱子，必须杀掉他们。

经过好几年悄悄地准备，晋献公终于把他们中

唇亡齿寒 chúnwáng-chǐhán 嘴唇和牙齿是挨着的，嘴唇没有了，牙齿就会觉得冷。

弱 ruò 力量小，不强大。

吞并 tūnbìng 消灭小国，使它变成自己的领土。

的多数人都杀死了，剩下的几个人都逃到了邻国虢（guó）国。

晋献公准备去灭掉虢国。不但因为虢国支持这些逃过去的人，还因为虢国一直跟晋国作对。虢国是一个小国，并没有多少军队，消灭他们不难。

可是虢国跟晋国并不挨着，中间有一个虞（yú）国。晋国军队必须向虞国借路，才能到达虢国。

虞国也是一个小国。虞国会借路让晋国军队过去吗？这是晋献公所担心的。

他的大臣荀（xún）息（xī）说，可以用贵重的礼物去贿赂虞公。

“用什么礼物？”晋献公问。

“把您的宝马和白璧（bì）送给他吧，他一定会非常高兴，肯定就答应我们借路了。”白璧是一种非常漂亮的玉。

“那都是我的宝贝（bèi）呀，我舍不得。”晋献公说。

“主公，这些东西也就是在他那儿放两年，等灭了虞国以后，不就又回到您身边了吗？”荀息说。

“那好吧。”晋献公想想，觉得荀息说得对，就答应了。

他派荀息带着他的宝马和白璧，去贿赂虞公。

贿赂　huìlù　用金钱收买。给有权的人钱，让他为自己做事。

虞公是一个贪小便宜的国君，看到这么好的礼物，心里很高兴。这些宝贝真好啊，谁见了不喜欢？所以，他很痛快地答应了借路给晋国。

虞国的大臣可不像国君那么糊涂，上卿宫之奇急忙表示反对说："主公，不能借路给晋国人。虢国跟虞国是互相连着的，如果虢国灭亡了，虞国也会跟着灭亡。俗话说，唇齿相依（yī），唇亡齿寒，就是这个意思呀。"

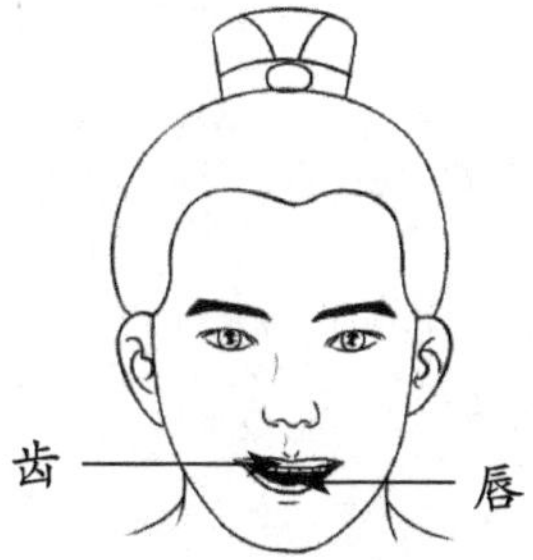

人的脸

成语"唇齿相依""唇亡齿寒"就是从这个故事中来的。

虞公没有听宫之奇的话，反而说："虢国跟我们一样，也是一个小国，我们跟这样的小国做朋友没什么好处，还不如跟晋国这样的大国做朋友，今后要是有麻烦，他们能帮我们，那不是更好吗？"

宫之奇没有办法，他知道自己说什么都没有用。

回到家里，宫之奇叫族人都收拾行李，然后带着自己一家老小和全族的人，离开了虞国。他心里清楚，要是再不走，到时候想走也走不成了。既然他没有能力救这个国家，那就只好救自己了。

贪小便宜 tān xiǎo piányi 贪图小的、不应得的好处。
上卿 shàngqīng 国君手下最大的官。
俗话 súhuà 老百姓都这么说的话。

果然，晋献公灭了虢国之后，在回去的路上顺便就把虞国也灭了。虞国这样的小国，没有多少兵，再说他们也没有准备，所以晋国人没费什么力气就把虞公抓住了。

虞国的大臣都当了奴隶，其中有一个很有才能的大夫，叫百里奚（xī）。

灭了虞国以后，荀息找到了那几匹宝马，送到晋献公跟前说："主公，这是您的宝马，现在可以还给您了。"

晋献公笑着说："虽然还是我那几匹宝马，可惜它们老了。"

一下子灭掉了两个国家，晋国的领土又扩大了很多，晋献公心里很高兴。

这时候秦（qín）国忽然派使者来了。

秦国在晋国的西边，以前这两国没有什么来往。晋国人对秦国一点儿都不了解，他们觉得那是一个很荒凉的地方。

秦国人来干什么呢？

秦国使者带着很多礼物，他们为秦国的国君求婚来了。

晋献公挺高兴，答应把大女儿嫁给秦国的国君秦

奴隶　núlì　为主人劳动、没有人身自由的人。
大夫　dàfū　国君手下的官。

穆（mù）公，并且准备了很多陪嫁的东西带过去。陪嫁中有十几个奴隶，其中有一个叫百里奚，就是那个被抓住的虞国大夫。

晋献公在还是太子的时候就有了妻子，那时候他还不到20岁，这个妻子没给他生孩子。后来，他跟父亲的小妾齐姜生了一个儿子，名字叫申（shēn）生，后来又生下一个女儿，名字叫伯（bó）姬（jī），就是他的大女儿。

现在他的大女儿伯姬已经长大成人了，到了出嫁的年龄。

大女儿嫁到秦国以后，秦晋两国就有了亲戚关系。

有一个成语叫"秦晋之好"，意思是互相结为婚姻关系，就是从这儿来的。

晋献公第一个妻子死了以后，他带领军队攻打狄国，从狄国带回来两个美女做妻子。这两个美女是姐妹俩，姓狐（hú）。后来姐姐生了个儿子，叫重（chóng）耳。妹妹也生了个儿子，叫夷（yí）吾（wú）。姐妹俩的父亲狐突，因为女儿嫁到了晋国，就带着两个儿子和全家都搬到了晋国。

晋献公后来又娶（qǔ）了骊（lí）戎（róng）国的两个美女。她们也是姐妹俩，大的叫骊姬，小的叫小骊姬。后来，骊姬生了一个儿子，叫奚齐。小骊姬也生了一

妾　qiè　小老婆。

个儿子，叫悼（dào）子。晋献公的老婆可不止这些，还有一些小妾。

老婆太多，烦心事也多。

晋献公的大儿子申生长大以后，成了一个帅（shuài）气的小伙子，不但外表好看，人品也好，各方面都很出色。

按当时的规定，应该立长子为太子，因此晋献公当国君以后，就立申生为太子。也就是说，晋献公死后，申生会接着当晋国的国君。

在晋献公的老婆中，骊姬最漂亮。晋献公特别喜欢骊姬，自从有了骊姬以后，他就只跟骊姬在一起了。因为喜欢骊姬，所以也就更喜欢骊姬生的儿子奚齐。

骊姬是一个有野心的女人，她希望她的儿子奚齐将来当晋国的国君。

可是晋献公已经立了申生为太子，如果没有重大的理由，比如太子死了或者做了坏事，是不可以随便换太子的。大家都知道，随便换太子很可能会引起国家的动乱。

现在，申生正年轻，身体那么好，根本不可能死。而且申生那么好的人，也不可能去做坏事。

怎么办呢？

虽然事情有些不好办，可是骊姬知道，这并不是说没有希望了。事实上那时候换太子的事常常发生，只要国君改变了主意就行。骊姬有信心让晋献公改变主意，因为晋献公那么爱自己。

晋献公会改变主意吗？

会。这不，他正为这事烦着呢。

他不是为应不应该换太子烦恼。其实，他早就想改立奚齐为太子了。

那他烦恼什么呢？

他知道自己已经老了，而奚齐还很小，说不定没等奚齐长大，自己就死了。一个小孩子当国君，那几个已经长大成人而且很有能力的哥哥，一定会来抢夺国君的位子，那时候，奚齐不但当不成国君，骊姬母子反而有生命危险了。

所以他得想办法解决这个问题。

他想到的第一个办法就是，让那几个已经长大的儿子都离开国都，到外地去。他把大儿子申生派到了曲（qǔ）沃（wò）；把二儿子重耳派到了蒲（pú）城，去防备秦国；把三儿子夷吾派到了屈（qū）城，去防备狄国。

几年后，晋献公把军队扩大成两军，上军由他自己带领，下军交给申生带领。接着，他就让申生领军去攻打晋国周围的3个小国。申生很有军事才能，打仗（zhàng）勇敢，那3个小国都被消灭了。

烦恼　fánnǎo　有麻烦，可是不知道怎么办，心里着急。

申生打胜仗有功，晋献公让他当了上卿。

按理说，太子是不当官的，现在晋献公竟然让太子当官，这说明了什么？

有一个大臣很快就明白了：晋献公要换太子。这么说，申生已经很危险。这个大臣赶紧去告诉申生，让他快逃命。

申生没有逃走。晋献公又叫他出征东山，去消灭一个狄族部落。

大夫里克劝晋献公不要派太子去打东山，他说："过去一直是国君出征，太子留守，或者太子跟国君一起出征。现在您留守本国，让太子出征，这不合规定。出征打仗不是太子的事情呀。"

晋献公很不高兴，拒绝了里克的意见。

又有人叫申生快逃走，因为无论他打胜了还是打败了，都不会有好结果。如果打了胜仗，功劳太大，会有危险；如果打了败仗，那么就更加危险。

可是申生还是没有逃走。他是个孝顺的儿子，他不会违背父亲的命令。

结果，这一仗申生又打胜了。

3 年过去了，晋献公并没有杀申生。杀自己的儿子，大概他还下不了这样的决心。

孝顺 xiàoshùn 对父母好，听父母的话。
违背 wéibèi 不听话，没有按要求去做。

申生之死

立奚齐为太子的事情，这么久还没有搞定，骊姬有些急了。眼看着晋献公越来越老，身体越来越差了，要是他突然死了，那么她这些年就白努力了。不能再等了，她决定要做些什么。

骊姬对申生说："你父亲梦见了你娘齐姜，你快点儿去祭（jì）祀（sì）你娘吧。"

古时候，人们为了纪念已经死去的先人，准备好酒和肉，向先人行礼，请先人来吃，这就是祭祀。已经死去的先人当然不可能把酒肉吃掉，祭祀完了，桌子上的酒肉还跟原来一样多。按规定，祭祀用的酒肉要分给有关的人。

申生祭祀完母亲，按当时的规定，把祭祀用的酒和肉分一半，亲自送到父亲那里。

可是晋献公不在宫里，他出去打猎了。当然这是骊姬故意安排的。

申生没见着父亲，就把酒肉留在宫里，自己回曲沃了。

两天后，晋献公回来了。

骊姬对他说："前两天申生来过，说他刚祭祀过母亲。他把祭祀用的酒肉送来了。您看，这些就是。"

晋献公刚从外边回来，正感到口渴，马上就倒

打猎　dǎ liè　到山林里去，打野兔、野鸡等动物。

了一杯酒，拿起来就要喝。这时候骊姬赶紧对他说：“等等。”

“怎么了？”晋献公问。

“外边送来的酒，可不能随便喝。”骊姬说，“我叫一个人先试试。”

“过来。”骊姬对一个小太监说，“你喝。”

那小太监心想，给国君喝的酒怎么会有问题呢，就走过去把一杯酒都喝了下去。骊姬和晋献公都看着他。

骊姬在心里数着：一，二，三，四……刚刚数到六，那小太监突然痛苦地倒在地上，嘴角流出黑红的血，骊姬走过去一看，小太监已经死了。

晋献公大吃一惊，说道：“怎么回事？难道这酒里有毒？”

“还好我小心呀，要不然主公您就没命了。”骊姬说。

“是，是。要不是你拉住我，刚才我就把酒喝下去了。”晋献公想起来后怕，很感谢骊姬救了他的命。

“说不定这肉也有毒。”骊姬把肉扔到院子里，给狗吃。

两只狗跑过来抢肉吃，不一会儿，它们也都躺在地上一动不动了。

太监 tàijiàn 王宫里的男仆人。

毒 dú 对身体不好的，吃下去会死的。

果然，肉里也有毒。

骊姬抓着晋献公的衣服哭着说："没想到太子连自己的父亲都要杀呀，更不要说别人了。不想想你父亲已经老了呀，你再等几年就等不及了吗？非要现在就下毒害死自己的父亲！"

接着她又对晋献公说："我知道了，太子这样做，是因为我和奚齐呀。您把我们母子送到别国去吧，要不然我们就自杀，省得太子来害死我们。"

晋献公大怒。酒和肉都是申生送来的，那当然是申生下的毒。

真是申生下的毒吗？

当然不是。

从让申生祭祀母亲，到让晋献公出去打猎，然后在申生送来的酒和肉里下毒，这一切都是骊姬干的。她不是要害晋献公，而是要害申生。

果然，晋献公终于下决心要杀申生了。他立即叫大臣们来，告诉他们，申生想害国君，要造反，应该处死。

很多大臣本来都是站在太子一边的，他们知道太子不会做这种事，也知道这明明是骊姬在害太子。可是看到晋献公愤怒的样子，他们谁也不敢替太子说话。这个时候谁要是敢替太子说话，自己马上就没命了。

虽然这样，有的人心里着急，暗暗派人去告诉申生，让他快跑。

申生远在曲沃，而且手中有军队，要杀他不太容易。所以，晋献公先把他的老师抓了起来。

申生的老师是一个很有学问，品德很好的人。他教申生对国君要忠诚，对父母要孝，对人民要爱，等等。不过，他也是一个书呆子，不知道权力斗争的残酷，也不知道怎样应对。

老师当然知道自己没有做坏事，可是他什么也没有说，他自杀了。临死之前他给申生留下了话，劝申生说，虽然是小人要害他，但是不要逃走，不要给父亲带来痛苦。面对小人也用不着说什么，这是坚强的表现。要用死来表示对国君、对父母的忠诚。

唉，这老师真是一个书呆子。给申生找这样的老师，真的非常不合适。

申生很快就知道了父亲要杀他的消息。有人劝他，赶紧去对父亲说明，自己没有在酒和肉里放毒。

可是申生说："父亲现在全靠骊姬来照顾，没有骊姬他吃不下饭，睡不着觉。我要是去说，如果父亲相信我，就会对骊姬生气发怒。父亲已经老了，我不愿意这样做。"

忠诚 zhōngchéng 对国家、对国君尽心尽力，不背叛。
残酷 cánkù 很可怕，很危险，使人很痛苦。

“既然你不肯去说，那么赶快逃走吧，逃到别的国家去。”

“我背着这样的恶名，哪个国家肯收留我？我怎么能逃走？”

“那你怎么办？”

“我还是自杀吧。”

于是，申生也自杀了。

死对他来说也许没什么，可是他没有想一想，他死以后晋国会发生什么。

晋国动乱

申生死了，晋国开始了动乱，而且这一乱就是好几十年。

骊姬很高兴，奚齐终于可以当太子了。可是她心里还是不太放心，因为还有重耳和夷吾，这两个人对奚齐也有威胁。

有一天，二公子重耳和三公子夷吾到国都来上朝。

有人对骊姬说："两位公子对你害死太子的事很生气。"

骊姬心里很害怕，这两个人要是到他们的父亲那儿说明事情的真相，万一那老头儿相信了他们，那就糟了。她决定先下手为强，先跟晋献公说："申生在酒和肉里放毒的事，二公子和三公子事先也都知道。"

"是吗？"晋献公不太相信。这两个儿子远在蒲和屈，没跟申生在一起呀，他们怎么会知道？

虽然晋献公不太相信，可是不知怎么的，这消息很快就传到了重耳和夷吾的耳朵里。这兄弟俩害怕极了，他们知道骊姬这样的女人，什么事都干得出来，不把他们兄弟几个都害死，她是不会罢休的。于是，两个人赶紧逃走了，重耳逃回了蒲城，夷吾逃回了屈城。

这一下骊姬更有话说了。她哭着跟晋献公说，她

威胁 wēixié 对人不利，有危险。
罢休 bàxiū 停下来，不再做了。

们母子迟早都会被重耳和夷吾害死，她还是趁早自杀算了。

两个儿子竟敢不跟自己告别就走了，晋献公很生气，怀疑他们真的参加了申生的阴谋。他心里想，你们两个心里要是没鬼，跑什么？一定是这三个家伙合起来想毒死我，然后杀掉奚齐母子俩。

本来他还半信半疑，这一下全信了。

他立即下令，派军队去蒲城打重耳，去屈城打夷吾。

二公子重耳从小也是一个很听话的好孩子，品行很好，讲义气，而且很有头脑，所以，有不少人很看好他，他手下有很多能人。他去蒲城的时候，这些能人也跟着他去了蒲城。

听说父亲派军队来打蒲城，重耳很着急，不知道该怎么办。

有人劝他说，把城里的人组织起来抵（dǐ）抗（kàng）。蒲城有城墙，对方不见得打得下来。

重耳说："你有没有搞错？那是我父亲派来的军队，我怎么能跟我父亲对抗？谁抵抗，谁就是我的仇人！"

他会不会跟申生一样自杀？

不会。他跟申生虽然都是很孝顺父母的好孩子，但是他跟申生还是不一样，重耳不是书呆子，也没有像书呆子一样的老师。

阴谋　yīnmóu　暗中计划做坏事。

父亲派军队来打自己，他不敢抵抗，因为那是不孝。但是他不傻，他知道他可以跑。他决定弃城逃走。

晋献公派出的军队在路上走得很慢。官兵们都知道公子重耳是好人，是晋献公老糊涂了，让他们去杀他自己的儿子。他们不愿意去杀自己人，所以故意走得很慢，让公子重耳得知消息，好逃走。如果重耳逃走了，他们不用攻城就可以回去了。所以，一路上他们磨磨蹭蹭，一天走不了多少路。

可晋献公不但派出了军队，同时还派出了一个杀手。军队还在路上走着，杀手却日夜赶路，这时候已经进了城。

这杀手名字叫勃（bó）鞮（dī），是宫里的一个太监。

重耳正准备逃走，家里乱作一团，手下的人有的牵马，有的拉车，有的搬行李，都忙着自己的事，没想到杀手会来得那么快。勃鞮就在这时候来到重耳的住处，谁都没有注意进来了一个人。

勃鞮悄悄地进了内院，手里拿着剑（jiàn）。他不知道重耳在哪里，也不敢问别人。他正在东张西望地乱找，忽然看见从屋里走出来一个人，这个人正是重耳。

重耳也看见了他，认出他是宫里的一个太监。重耳一下子明白了，勃鞮手里拿着剑，正是父亲派来杀自己的。

磨磨蹭蹭　mómócèngcèng　故意做得很慢。

重耳急忙逃命。慌忙中他逃进了一个院子，可是前边没有路，是一堵（dǔ）墙。

重耳一看心里着急，心想这下完了。那杀手已经追上来了，现在只能翻过墙去。情急之中他用力一跳，两只手抓住了墙头，一只脚也上了墙头，一使劲，另一只脚也上去了。

眼看着就要翻过墙去了，这时勃鞮赶到了墙下，他想抓住重耳，把他拉回来。古时候人的衣服袖子特别宽大，结果他只抓住了重耳的衣袖。他挥剑砍去，没砍到人，只把重耳的袖子砍了下来，重耳咕（gū）咚（dōng）一声掉到了墙的另一边。

正当勃鞮也想翻墙的时候，院子里一下子冲进来好几个人，他们听到了动静，知道来了杀手，马上赶了过来。

勃鞮被他们抓住了，用绳子捆了起来。不过，重耳没有杀他，把他放回去了。因为他是父亲派来的，杀死他，重耳认为也是不孝。

快逃命吧，重耳带着一伙人赶紧逃到了狄国。他母亲以前是狄国人。

去屈城打夷吾的军队，一路上也走得很慢，他们也希望公子夷吾逃走。还没到屈城他们就停了下来。

夷吾跟重耳可不一样，他不觉得跟父亲的军队打仗是不孝。他不准备逃跑，组织了很多人守城。

去屈城打夷吾的军队只好装样子攻城，攻了两天，攻不下就回去了。

第二年，晋献公受不了骊姬的哭闹，又派军队去打屈城。这一回城没有守住，夷吾想逃到狄国去。

他的老师郤（xì）芮（ruì）说："不行，重耳已经在那儿了，现在你也去，晋国一定会去打狄国。狄国害怕晋国，那时候你就麻烦了。你不如去梁（liáng）国吧，梁国离晋国近。要是你父亲死了，你回国抢国君的位子也比较方便。"

于是，夷吾逃到了晋国和秦国之间的梁国。

这样，晋献公身边就只剩下了两个未成年的儿子。奚齐那时候只有 10 岁。

晋献公越来越老了，身体越来越差。

骊姬心里着急，万一这时候晋献公死了，她跟奚齐怎么办呢？一个 10 岁的小孩儿即使当了国君，也肯定要被人欺负。况且还有重耳和夷吾在国外呢。

骊姬天天看着奚齐，希望他快点儿长大。可是奚齐长得太慢，每天看着都一样高。骊姬心里真是着急。

公元前 651 年，晋献公病得快要死了。他跟骊姬一样，不放心两个还没有成年的儿子。想来想去，只好把两个儿子托付给大夫荀息。因为荀息是他最信任

托付 tuōfù 把重要的事交给别人，请别人替他办。

的人，而且是这两个孩子的老师。他让荀息当了相国，主持国家的事。

晋献公临死时对荀息说：“我死以后，奚齐当国君。可是奚齐还太小，大臣们不服，恐怕会引起动乱，你能帮助奚齐吗？”

荀息回答说：“能，我一定按您说的做。要是做不到我就死。”

晋献公看着荀息，死了。

但晋献公死得很不安心。因为荀息手里没有军队，而手里有军队的里克他信不过。那时候奚齐才 14 岁，晋献公知道晋国要乱。

这是他自找的。申生、重耳这么好的儿子，他杀的杀，赶走的赶走，非要让一个小孩儿当国君，国家怎么会不乱呢？

果然，里克等大臣想立重耳为国君。晋献公在的时候，他们不敢说什么，因为要是不赞成立奚齐，他们就连命都没了。现在晋献公死了，荀息没军队，军队在里克手里，他们还怕什么？

里克对荀息说：“申生、重耳和夷吾 3 位公子手下有很多人，他们对奚齐当国君都很不满，你准备怎么办？”

荀息说：“我听先君的，我按他说的做。”先君就是晋献公。

里克说："如果这样，他们就会杀死奚齐。"

荀息说："那我就自杀。"

里克说："那没有好处。"

荀息说："我已经跟先君说过了，不可以有二心。所以，即使没有用，我也会这样做。"

结果，晋献公的丧事还没有办完，里克就把奚齐杀了。

奚齐死得很冤，其实他是一个好孩子，一点儿错都没有，白白地死在这场权力斗争中。

骊姬本来一心想杀掉别人，让自己的儿子当国君，没想到现在儿子被别人杀死了。儿子都死了，她活着还有什么意思？于是她自杀了。实际上是她害死了她的儿子，也害死了自己。

荀息一看奚齐死了，就想自杀。他觉得自己对不起晋献公，可是他没办法，因为他手里没有军队。

这时候有人对他说，奚齐死了，不如立小骊姬的儿子悼子为国君。

晋献公下葬以后，荀息就要立悼子为国君。

丧事 sāngshì 人死后要处理的各种事。
冤 yuān 没什么错，但是受到了惩罚。
下葬 xià zàng 把死人埋入地下。

结果里克又杀了悼子。悼子死得更冤。

荀息真是一个笨蛋，既然里克能杀奚齐，当然也能杀悼子，为什么还要让悼子这样一个小孩儿白白死掉呢？

荀息绝望地自杀了。

夷吾当国君

晋国现在没有国君了。里克等人想请重耳回来当国君。

他们派人去请重耳，可是没想到，重耳不肯回去当国君。

怎么回事呢？

重耳说：“我违背父亲的命令逃了出来，本来就不应该，父亲死了又不能回去，这也不应该。我这样的人，怎么敢回去当国君呢？请你们另立国君。”

大家都没想到重耳会这么说。重耳怎么也像个书呆子了？是不是好孩子都有点儿像书呆子呢？

不管是为了自己，还是为了晋国人民，他都应该尽快回去当国君，使国家安定下来，他可以为国家做很多事情。

可是重耳真的拒绝回去。

也许他心里害怕，晋国现在很乱，他怕回去以后有危险。

拥护重耳的人都觉得非常失望。大夫们没办法，只好到梁国去请夷吾回来当国君。

夷吾跟重耳可不一样，听说父亲死了，他心里很高兴。

他打算向梁国借兵，打回晋国去。可是梁国是一个小国，没多少兵，根本不敢打晋国。后来，夷吾听说晋国的大夫们去请重耳回国当国君，夷吾失望极了。

所以，那几天他心情非常不好。

突然，晋国派人来说，因为重耳拒绝回去，所以现在请他回去当国君。夷吾真没想到会有这样的好事，他心中大喜，马上就要跟着回去。

他的老师郤芮拦住了他，说："慢着，别忙着回去。事情没有那么简单。"

"怎么？他们有阴谋？"夷吾问道。

郤芮回答说："他们的话很难相信。如果没有军队跟着去，恐怕有危险。"

夷吾着急地说："那怎么办？就梁国那几个兵带去了也不管用呀。"

"向秦国借兵。"郤芮说。

"秦国肯借兵给我们吗？"夷吾问。

"给他们好处就行了。不给好处谁会帮你？"郤芮说。

于是，夷吾派老师郤芮去秦国。夷吾答应秦国，如果他当了国君，就把黄河以西的 5 个城给秦国。夷吾还让晋国的来人带信给里克，说如果他当了国君，就把汾（fén）阳这个地方给里克。

于是，秦国发兵送夷吾回晋国。

里克因为夷吾答应给他汾阳作为封地，所以也改为支持夷吾了。

就这样，夷吾当了国君，他就是晋惠（huì）公。

夷吾当了国君，心里很开心。可是有一件事让他发愁。

什么事呢?

当初请秦国发兵支持自己的时候，他曾经答应过人家，当上国君以后，就把黄河以西5个城给秦国。

现在国君已经当上了，人家等着要黄河以西那5个城呢。

晋惠公现在不想给了。自己的土地为什么要给秦国人？他舍不得。

可是不给好像也说不过去，自己答应过，现在反悔，秦国人一生气，派军队打过来怎么办?

他找大家来商量。

里克说："既然已经答应人家了，作为国君，说话要算数，应该把黄河以西5个城给人家。"里克心里想："要是你答应秦国的话不算数，那么答应给我的土地肯定也不给了。那怎么行?"

可是，大多数大臣都说不给，他们说："地是先君传下来的，逃亡在外的人怎么能答应把地给人家?"

最后他的老师郤芮说："这样吧，我们不说不给。只说因为大臣们都反对，所以不能马上给，这事要等一等，以后再说。拖它几年，这事就不了了之了。"

晋惠公觉得这个主意好。

晋惠公派丕（pī）郑（zhèng）去秦国说这件事。丕郑是拥护重耳的人，他看到夷吾这么差劲，就想联合秦国除掉夷吾。

丕郑到秦国以后，对秦穆公说："有几个大臣的确反对把地给秦国，不过只要多给他们一些好处，贿赂他们就行了。我把夷吾赶出去，您送重耳回国，事情没有不成功的。"

秦穆公一听晋惠公说话不算数，觉得自己被欺骗了，非常生气。他跟丕郑商量好了，只要丕郑跟里克在晋国一杀掉夷吾，他就马上送重耳回国当国君。

可是，丕郑回到晋国的时候，里克已经被晋惠公杀了。

原来，晋惠公说话不算数，里克也被骗了。他很气愤，想联合几个人杀掉夷吾。

可是他还没有下决心，事情已经被郤芮发觉。郤芮建议晋惠公马上杀掉里克。

里克被叫到宫里，晋惠公说："没有你，我也当不了国君。虽然是这样，你杀了两个国君、一个大夫，想当你的国君真的是很难啊。"

里克马上明白晋惠公要杀自己，可是已经逃不走了。他只好说："我不杀那两个，怎么轮得到你？现在你要杀我，欲（yù）加之罪（zuì），何患（huàn）无辞（cí）？我认命就是了。"

建议 jiànyì 出主意，应该怎么怎么做。

成语“欲加之罪，何患无辞”就是从这儿来的，意思是：想给人加上罪名，还怕找不到理由吗？

里克拔出剑来，自杀了。

秦穆公按丕郑的主意，派人来贿赂那几个大臣，并且请他们到秦国去。郤芮知道了，说：“给的钱很多，说的话也很好听，这是引诱我们，不要上当。”

丕郑回来了。

晋惠公和郤芮把丕郑和另外7个拥护重耳的大夫全都抓起来杀了。丕郑的儿子丕豹（bào）逃到了秦国。

从此，没有人敢反对自己了，晋惠公放心了。

可是，接下来晋国一连几年都遇到了旱（hàn）灾。天不下雨，晋惠公真是没有办法，地里的庄稼都死了，没有收成，眼看着老百姓一批一批地饿死了。

晋惠公叫大臣们来商量怎么办。

“向别国买粮食。”郤芮说。

“也只有这个办法了。可是向谁买呢？”晋惠公问。

“秦国。”郤芮又说。

“秦国？还敢向秦国买粮食？上次我们骗了人家，现在人家恨不得出兵来打我们，他们会把粮食卖给我们吗？”晋惠公觉得这事不可能。

“怎么不可能？”郤芮说，“秦国人老实，说几句好

引诱　yǐnyòu　给人好处，让人去做坏事。
庄稼　zhuāngjia　地里长的农作物，多指粮食作物。

话就行了。您想想，附近的那几个小国能有这么多粮食吗？”

晋惠公想想也是，反正派个人去试一试吧。于是就写了一封信，派一个人去秦国，请求买粮食。

秦穆公一看信，非常生气：“夷吾这个浑蛋，还敢来买粮食？”

他虽然生气，不过还是把大臣们找来商量。

大臣们意见不一样，有的说不卖，有的说可以卖，有的说应该乘这个机会去攻打晋国。

丕郑的儿子丕豹也说：“夷吾欺骗了您，老百姓不会帮他的，这时候去打他，一定能把他赶出晋国。”

秦穆公说：“国君做坏事，可是他们的老百姓有什么罪呢？”

最后，秦穆公问百里奚。百里奚就是那个晋国陪嫁过来的老奴隶，现在成了秦国最大的官。（见《秦国的故事》）

百里奚说：“天灾，哪个国家都可能发生，帮助邻国这是应该的。夷吾这个人虽然坏，但是他是不会挨饿的，饿死的是晋国的老百姓。我们应该把粮食卖给他们。”

浑蛋 húndàn 骂人的话，指不懂道理的人。

秦穆公是个心地善良的人，他觉得还是百里奚说得对，他决定卖粮给晋国。

于是，秦国的粮食装满了一艘（sōu）艘船只，从黄河运到了晋国。

秦晋大战

过了一年，晋国雨水多了，风调雨顺，收了很多粮食。

可是秦国却闹了旱灾，老百姓没吃的了。秦国的存（cún）粮前一年已经全部卖给了晋国，今年要是不向晋国买粮食，老百姓就要挨饿。

于是，秦穆公派了一个人去晋国买粮食。

晋惠公让大臣们来商量。

庆郑说："以前秦国派军队送国君回国。去年人家帮我们过了难关，救了那么多老百姓。现在我们自己有粮食了，帮帮人家，这是应该的。还商量什么？"

可是，要把这么多粮食卖给别人，晋惠公真舍不得，所以他要听听大臣们的意见。

大臣中竟然有人说："去年老天把晋国送给秦国，秦国不要，还卖粮食给我们。现在老天把秦国送给晋国了，我们晋国可不能违背老天的意思，应该乘机去灭了他们。"

晋惠公说："说得对，我们就应该趁这个机会去灭了他们。"

秦国人听说晋惠公这么坏，当然全都气坏了。

秦国上自国君秦穆公，下到普通老百姓，人人都恨得咬牙切齿，恨不得马上就发兵去攻打晋国。

但是被百里奚劝住了。百里奚说："今年闹灾，老百姓没饭吃，还要打仗，老百姓不是更苦了吗？"他劝大家先忍一忍，等到明年再发兵。

秦穆公接受了百里奚的劝告。这一年，秦国人强忍怒火，虽然忍饥挨饿，却一心准备着明年去报仇雪恨。

第二年，秦国风调雨顺，粮食丰收了。

秋天，秦军出动了400辆战车，由秦穆公亲自领军，杀向晋国。进入晋国境内，接连打了三仗，晋军大败。

晋国人士气低落，老百姓和普通士兵并不像晋惠公君臣那么无耻（chǐ）。他们都知道自己的国君做得不对，对不起秦国人，难怪现在秦国人要打进来。

所以，秦军一下子就打到了韩（hán）原。

晋惠公急了，问大臣们怎么办。

大夫庆郑说："当初秦国帮您当了国君，您答应把河西5个城给秦国，却没有给。后来晋国大灾，秦国人卖给我们粮食。可是他们有难，我们却不帮助，不怪秦国要打进来呀，现在还能怎么样呢？"

晋惠公听了很生气，说："你是哪国大夫？帮谁说话呢？我问的是现在怎么办？你说这些话干什么！"他非常讨厌这样的人。

怎么办？还能怎么办？只好打了。

讨厌　tǎoyàn　很不喜欢。

可是晋惠公找不到能打仗的人。里克、丕郑这些人都很能打仗，可是已经被自己杀掉了。

不仅能打仗的人找不到，连给他驾车和当车右的人也找不到。

那时候指挥打仗是站在战车上的，由4匹马拉车。驾战车的人必须非常有经验，要不然车出了事，国君就有危险。车右是保护国君的，也非常重要。

春秋时的战车

晋惠公用占（zhān）卜（bǔ）的方法来决定谁驾车。占卜的结果是叫庆郑驾车。

晋惠公不想让庆郑给自己驾车，他决定叫步扬驾车。

他又用占卜的方法来决定谁来当车右，结果还是庆郑。

今天真是见鬼了，怎么又是他呢？不行，我偏不用他，叫他滚蛋！晋惠公不相信占卜的结果，让自己

滚蛋　gǔndàn　骂人话，意思是走开。

的家臣做了车右。

占卜是什么意思？占卜就是问问老天，自己要做的事能不能成功。

为什么要占卜？

因为他们想知道将来的事，他们希望事情能够有好的结果。那时候，国君做事前常常要占卜。比如：要去打仗，能胜吗？今年小麦能丰收吗？老天会下雨吗？会有人来进攻吗？王后快要生孩子了，是男孩儿还是女孩儿呢？这些都要占卜。那时候有专门的卜者，就是占卜师。

一年前，晋国有一座山突然崩塌了。这是怎么回事？晋惠公叫卜者占卜。

卜者预言说："一年内将有大灾祸，几乎要亡国。"

晋惠公听了不愿意相信，说道："你没有搞错吧？"

同样，这一次占卜，他也不愿意相信，他讨厌庆郑这样的人。

晋惠公跳上了战车。给晋惠公拉车的4匹马是郑国送来的，都比较小，腿比较短，跑不快。用这样的马拉车，坐车的人会觉得舒服一些。不像那些高头大马，跑得很快，人坐着不舒服。晋惠公一直喜欢用这4匹小马拉车。

崩塌　bēngtā　山上的土和石头掉下来很多很多。

可是，这样的马不是用来打仗的，上战场打仗肯定会有麻烦。

庆郑劝晋惠公换马，他说：“打仗应该用国产的马，它们了解主人的心意，熟悉道路，用这样的小马是不行的。”

晋惠公不听，他心里想：从你庆郑的嘴里，还能说出什么好话来？

晋军上了战场。两军对阵，秦军个个都红了眼，杀声震（zhèn）天，大声喊着：“杀了夷吾这个狗东西！”

秦军的气势把晋惠公吓了一跳，再一看晋军，很多人已经开始逃跑。晋惠公知道不好，赶紧跑吧，跑晚了就没命了。

他大声命令驾车的步扬调转车头逃跑。

这个步扬驾车没什么经验。再说，他从来没上过战场，一见这个阵势早就慌了。车一转过头来前面是一个泥坑，他们就连马带车全都掉进了泥坑里。

那 4 匹小马腿短，在坑里跳着，出不来。

晋惠公只好跳下马车，自己爬出泥坑，正在着急，后面过来一辆战车，他一看是庆郑，就大声喊道：“庆郑快来救我。”

庆郑一看晋惠公的样子，心里高兴，说道：“你不

坑　kēng　地面上凹下去的地方。

听我的劝告，违背占卜，本来是自求失败，还要逃命干什么？”

庆郑决定不救他，让他去死吧，没有他，晋国人一定会过得好一些。他赶着马车冲出去，走了。

结果晋惠公被秦国人抓住，当了俘虏。

这一仗，晋国人输得很惨，不过秦国人没有追击，他们用绳子把晋惠公捆（kǔn）起来，把他带回去了。

大家都以为晋惠公这一回死定了。这家伙这么坏，秦国人恨之入骨，怎么可能轻易放了他呢？很多晋国人，比如庆郑等，也希望他死掉，不要回晋国。

可是，谁都没想到的是，最后秦穆公没有杀他，竟然准备让他回晋国了。

为什么？

秦穆公的夫人伯姬，是晋献公的大女儿，也就是申生的同母妹妹。她跟申生一样，心地很善良。秦晋两国不能和平相处，发生了战争，她很难过。夷吾虽然坏，但也是她弟弟，这个弟弟就要死了，这使她很痛心。为此，她哭得很伤心，请求秦穆公放了夷吾，要不然她就带着孩子们自杀。

秦穆公非常爱他的妻子，可以说有点儿怕老婆。见夫人这么难过，他心里想，这回把晋国人打得够惨，

俘虏 fúlǔ 打仗时被抓住的敌人。
惨 cǎn 情况很坏，很不好。

夷吾已经受到了这样的羞辱。秦国人已经出了气了，那么就放了他吧，何必让夫人这么伤心呢。

最后秦穆公决定放晋惠公回去。

秦国的大臣们觉得，这太便宜夷吾。他们要求晋国人把答应给秦国的河西五城拿出来，并且把太子送到秦国来当人质（zhì）。

秦穆公觉得大臣们的意见很对。要是杀了夷吾，那只是出了一口气，秦国什么也没得到。不如放了他，得到实际的好处。

晋惠公夷吾，被抓住以后害怕得要死，以为这次必死无疑了。后来听说秦穆公要放自己回去，赶紧对秦国人说，他回晋国以后，一定把河西五城给秦国，这一回绝对不赖账。

羞辱 xiūrǔ 受到非常丢脸的打击。
赖账 lài zhàng 欠了别人的钱或东西不还。

流亡异乡

晋惠公很清楚，虽然秦国人不杀自己了，可是晋国人也可能会杀自己。所以，即使秦国人放自己回去，他也有可能死在晋国人手里。

于是，他先派了一个人回晋国，对老百姓说："我虽然能够回国，但是国家却受到了羞辱。我没有脸见父老乡亲，你们找一个吉日，立太子圉（yǔ）为国君吧。"

老百姓都很感动，看起来国君已经改正了自己的错误。他们不再恨晋惠公了。

晋惠公回来了，是秦国人送回来的。

晋惠公一回到晋国，还没进城，就先把庆郑抓起来杀了。这一次，他最恨的人就是庆郑，杀死他都不能解气。

晋惠公就是这样一个有恩不报、有仇必报的小人。

把仇人杀了，他又把太子圉叫来，让他跟着秦国人走，去当人质。

过了一些日子，有人对他说："重耳在国外，手下有很多能人，附近的几个国家，都想让他回晋国，当晋国的国君。"

"那怎么办？"夷吾知道哥哥的名声比他好，手下

流亡　liúwáng　逃走，在外面不回来。
恩　ēn　帮助过自己。
仇　chóu　伤害过自己。

的能人很多，晋国人都喜欢重耳，所以夷吾心里早就很担心。

“派刺客去杀掉他。”

“那好吧。”

晋惠公把勃鞮找来，让他再找几个高手，3天以后出发，到狄国去，悄悄地把重耳杀了。

重耳逃到狄国的时候，有几十个人一直跟着他。其中有赵（zhào）衰（cuī）、先轸（zhěn）、魏（wèi）犨（chōu）等，还有他的舅舅狐偃（yǎn）。

这几十个人都是治国的人才。他们虽然很有才能，跟着重耳倒并不是想当大官，他们首先是喜欢重耳的为人，跟重耳很合得来，大家在一起非常愉（yú）快。当然他们也看好重耳，觉得他是做大事的人，将来一定会当国君。

有一句话叫做“物以类聚，人以群分”，意思是同类的东西常聚在一起，同类的人也常相聚成群。这句话真是一点儿也没有错。重耳身边聚着一批人品好、有才能的人，而夷吾身边都是像郤芮这样的小人。

重耳逃到狄国以后，娶了老婆，生了两个孩子，日子过得不错。

重耳这人没有什么野心，喜欢跟这一帮兄弟在一

舅舅 jiùjiu 妈妈的兄弟。
聚 jù 在一起。

起，过平平常常的日子，他觉得挺快乐。他们在狄国已经 12 年了。

要是夷吾不派勃鞮去杀他，重耳跟他的那一帮兄弟，也许就会一辈（bèi）子待在狄国，直到老死了。

忽然，狐偃得到了勃鞮要来刺杀重耳的消息。

狐偃赶紧去找重耳，当他找到重耳的时候，发现先轸和魏犨也在那里。先轸说他刚才好像看见勃鞮那一伙人已经进了城。

重耳和狐偃都大吃一惊，不是说 3 天以后才来吗，怎么今天就到了？

“这个臭太监，杀人这么积极。”重耳一边骂勃鞮，一边着急地问舅舅怎么办。

“快逃命。”狐偃说，“马上就走。”

“那老婆孩子怎么办？”重耳已经有了两个孩子，两个孩子都还小。

“带着老婆孩子你怎么能跑得快？你一个人跑，快！”狐偃说。

重耳抓着老婆的手，说：“老婆，对不起。我是不忍心扔下你呀，可是再不跑就没命了。”

他老婆也慌慌张张地说：“你，你快走吧。”

“你等我 25 年，我要是 25 年不回来，你就改嫁吧。”重耳说。

他老婆一听，笑了起来：“25 年？ 25 年我坟（fén）

头上的树都长老高了，还嫁人？你快走吧，我等着你。”

重耳跟着狐偃、先轸和魏犨急急忙忙地离开家，什么都没带就上路了。其他几十个人随后也都离开了家。

“舅舅，我们逃到哪里去呢？”重耳问。

“我看，我们还是去齐国吧。”狐偃说。

大家也都同意去齐国。齐国虽然路远一点儿，但是齐国人好客，虽然管仲（zhòng）死了，可是齐桓（huán）公对逃难的公子们仍然很客气。

走了一天，到了晚上，他们才发现没带钱。有的人身上虽然有一些零钱，可是这点儿钱去齐国根本不够。管钱的是重耳的管家，叫头须。本来想叫他一起走的，可是今天找他时，找来找去找不到，不知他去了哪里。大家都急着走，所以就没有再等他。

已经走出这么远了，再回去找他？大家都不愿意。再说，派人回去说不定有危险，万一勃鞮那一伙人跟着来了呢？那不是更糟了吗？

算了，走吧。到时候自有办法。

实际上，即使他们回去找也找不到，因为头须那家伙已经带着钱一个人跑了。

没有带钱的最大问题是：这么多人一路上吃什么？

一开始还好，身上还有些零钱。零钱花完了，也正好走到了荒山野地。那时候树多，野兽多，要是运气好，打到了野兽，还能有吃的。要是运气不好，没打到野兽，就只好饿着。

走了一些日子，他们终于来到了卫国。

他们心里想，这下可好了，卫国国君肯定会客客气气地请大家吃饭，也有地方睡觉了，大家都应该好好睡一觉。

可是，卫国这时候刚刚被山戎侵略过。山戎走了，抢走了粮食和财产，烧掉了房子，留下了一片荒凉。到处都是烧掉的房子，老百姓都无家可归了。

卫国的国君自己都没饭吃，来了这么多人，拿什么来请客呢？所以，当重耳这一帮人来到卫国首都的时候，卫兵们连城门都没开，就让他们走了。

“没见过这么小气的！”这帮人一边走，一边骂着。

饿，真是饿啊。两天没吃东西了，饿得没力气走路，也没力气骂人。

走到五鹿（lù），实在走不动了，他们只好坐了下来。

远远地看见有一个人在地里干活儿。那时候，人们把住在荒凉的农村的人叫做野人。对野人，这些贵

野兽 yěshòu 野生的动物，如野猪、野鹿等。
侵略 qīnlüè 派军队去占领别国的领土。

族和富家子弟过去连看都不会看一下。可是现在不一样了，终于见到一个人了，快去要一点儿东西吃吧！

重耳带着大家走过去，开口说："大爷，有吃的没有？"

野人看看他们，没说话。

"真是没想到，过去总是我们这样的野人才会要饭，现在，怎么公子哥儿们也会来要饭，而且是向我这样的野人要饭？我自己还没有吃的呢，拿什么给你？"野人心里不明白。

重耳眼巴（bā）巴地看着野人，心想："你倒是说话呀，有还是没有？"

只见野人弯下腰去，捡起一块泥土递给重耳。

重耳接过土块愣了，心里想："你什么意思？这能吃吗？"

重耳非常生气，正准备把土块扔过去，却被狐偃拦住了。

狐偃说："公子，别生气。这是一个好的预兆。"

"什么好的预兆？"重耳说。

"土块代表土地。老百姓把土块给我们，就预示我们将会得到这块土地。"狐偃转过身来对大家说，"你

愣　lèng　发呆，不明白是怎么回事。
预兆　yùzhào　预先可以看出来的迹象。

们记着，12 年后，这块土地是我们的。”

12 年后的事，狐偃是怎么知道的？

没有人说得清。反正狐偃这么一说，大家都相信了，就赶快向这个野人行礼，表示感谢。重耳拿着土块像拿着宝贝一样走了。

重耳在齐国

重耳这一伙人，一路上忍饥（jī）挨饿，靠吃草根树叶，终于来到了齐国。

齐国真是一个大国，一路上的景象就不一样。

在边境上，重耳一报上自己的名字，齐国官员就非常热情地接待了他们。虽然这一伙人已经饿得面黄肌（jī）瘦，身上很脏，跟要饭的没两样，可是齐国人对他们很热情，给他们吃的、喝的，让他们洗澡，安排了睡觉的地方。重耳觉得简直到了天堂。

“还是齐国有大国的气度，不像卫国那么小气。”他们一边洗澡，一边骂卫国。

齐国好是好，可惜不久前，管仲死了，齐桓公也已经很老了。

齐桓公早就听说，晋国的公子重耳是一位贤人，他手下的人也都个个有才能。于是就想给这些人安排官职，让他们在齐国做官。

可是，齐桓公的好意被重耳谢绝了，他们来齐国是为了有一天能回到晋国去，而不是在齐国做官。

那好吧，齐桓公很大方，给了重耳一个庄（zhuāng）园，20 乘车，还有不少安家费，并且把一个公族的女孩子嫁给了重耳，好让重耳在齐国安心过日子。

齐国在管仲的治理下，民富国强，老百姓安居乐

贤人 xiánrén 品德好、有能力的人。

业。当时，齐国是各国的榜样。重耳这一帮人现在好容易来到了齐国，这正是学习怎样治理国家的好机会，将来回晋国有用。

想不到，第二年齐桓公死了。齐国的公子们为了争抢当国君，打得你死我活，齐国开始乱了。

不过重耳的日子并没有受到大的影响。重耳在齐国小日子过得很不错，老婆姜氏（shì）很温柔（róu），很会照顾人，两口子亲亲热热在一起，这样的日子多好啊，重耳觉得很满足了。他已经失去原来的理想，不想去争国君了。

这样一待就是7年。重耳跟兄弟们说："我们就在齐国待一辈子好了。"

狐偃、赵衰和重耳的那帮兄弟们非常不满意。他们都是立志报国的人，现在却在齐国过着小地主的生活，无所作为。

"不行，必须离开齐国，要不然重耳就把晋国忘了。"狐偃和赵衰都这么想。

可是现在让重耳离开，他肯定不愿意，怎么办呢？

狐偃决定避开重耳，找一个没人的地方，把大家找到一起商量一下。

榜样　bǎngyàng　可以让大家学习的人或事。

他们来到一棵大桑（sāng）树下，商量怎么劝重耳离开齐国。

狐偃说："看起来，好言好语地劝他走是根本行不通的。这小子已经变得胸无大志了。"

"那……我们也不能绑（bǎng）着他走啊。"魏犨说。

先轸一拍大腿，说："我有办法。"

"什么办法？"大家都急着问。

"我们请他喝酒，让他喝醉，醉得像死人一样，然后把他扛上车就走。"先轸说。

这个办法大家都说好，重耳酒醒的时候，一定已经走出很远了，已经没办法回去了。

商量好了，他们就悄悄地散了。大家说好要保守秘密，不要让重耳知道。

可是他们没有抬头看一看树上，树上竟然坐着一个人。

谁这么无聊，没事坐在树上，偷听别人的谈话？

这人是重耳老婆姜氏的侍女。她不是故意去偷听的，她到地里去采桑叶，刚爬上树，就来了一帮人坐在树下，吓得她赶紧躲起来，不敢出声。

狐偃他们的话全被她听见了。

这些人竟然要绑架男主人离开齐国，那女主人怎么办？她觉得事情很严重，赶紧去告诉女主人姜氏。

侍女 shìnǚ 有钱人家里的女仆。

重耳现在安心过小地主的生活，姜氏也正在发愁。她记得重耳刚来的时候，跟她说过，以后一定要回晋国去，去完成自己的事业。

可是现在他已经把这些忘了，不再想回晋国。姜氏觉得狐偃他们做得对，在齐国再待下去，就老了，还能做什么呢？

姜氏决定劝重耳离开齐国。可是重耳生气了，说："你竟然赶我走？告诉你，我不走。"

姜氏叹（tàn）了一口气，说："我当然希望天天跟你在一起，可是你是晋国公子，你有自己的使命，还有那么多人跟着你，愿意为你效（xiào）力，怎么能天天这样糊里糊涂地过小日子？这么没出息，我都为你害羞？"

重耳说："我走了，你怎么办？"重耳倒确实是一个有情有义的人。

"这个你放心，我等你。你回到晋国以后，可以派人来把我接过去呀。"姜氏说。

"不行，我不管使命不使命，人生只要安乐就行了，现在这样就挺好，我哪儿都不去。"重耳说得挺坚决。

看来好言好语地劝说真的没有用。姜氏只好跟狐偃等人合伙，请重耳喝酒。

害羞　hàixiū　心中不安，感到不好意思。

那天晚上，重耳喝了一杯又一杯，他从来没有喝过那么多酒，喝得大醉。大家把他扛上车，连夜就离开了齐国首都临淄（zī）。

这一次他们不是逃亡，因为没有人在后面追。所以准备工作做得很好，带好了应该带的东西，总共5辆车，大家都坐车，不用走路。

重耳醒来的时候，已经是第二天傍晚了。他觉得身子在不停地摇晃，怎么回事，床怎么会摇晃呢?

当他知道自己正在马车上，是被舅舅和老师这一帮人扛上车离开临淄的，他心里很生气，竟然大发脾气，跳下车要去杀狐偃。他知道这样的主意一定是舅舅想出来的。

狐偃早有准备，跑得比他快。重耳追不上，只好恨恨地说："舅舅，这次要是不成功，我吃你的肉！"

狐偃说："以后你当了国君，好吃的东西都吃不完，我这干巴老头儿有什么好吃的。"

大家都笑了起来。

重耳没办法，只好跟着大家走。

"去哪儿?"重耳问。

"不知道，先去宋（sòng）国看看吧。"狐偃说。

摇晃 yáohuàng 摇摆，不平稳。

再次流亡

首先要经过的还是卫国。卫国虽然已经从山戎的侵略中恢复过来了，可是卫国国君还是不愿意见重耳这一伙人。

接着就到了曹（cáo）国，曹国也是一个小国，国君对重耳很不礼貌。

到了宋国，宋国的国君对重耳非常客气，接待的礼节很高，并且请重耳留在宋国。

可是宋国也不是一个大国，而且刚刚跟楚国打了一仗，打输了，输得很惨，连国君都受了伤。

宋国大夫公孙（sūn）固（gù）对狐偃说："宋国是一个小国，最近又打了败仗，实力不行，有心无力，将来恐怕帮不上忙。你们不如去楚国。"

于是重耳带着大家离开了宋国。经过郑国，郑国国君根本不理他们，让他们走人。

终于到了楚国，楚国这时候的国君是楚成王。

楚成王知道重耳贤能，而且手下有一帮非常有能力的治国之臣。因此他很看好重耳，认为重耳一定会回到晋国当国君。所以，他用最高的礼节接待重耳。

这倒弄得重耳很不安。这么多年来他在外流亡，习惯了当普通人，觉得受不起这么高的礼节，心里有点儿害怕，不想去。

他的老师赵衰对他说："公子，我们这十多年在外流亡，那些小国都看不起我们，何况大国？现在楚王这么看得起你，这是天意啊。你应该去，不用害怕。”

那时候的人常常拿“天”说事。

重耳受到了王的待遇，跟楚王平起平坐。

重耳确实有过人之处，在这种情况下，他虽然心里很紧张，但是举止言行都很得当，不卑（bēi）不亢（kàng）。也就是说，既不觉得自己不如别人，也不觉得自己了不起，一切都很自然，让人觉得这个晋国公子大气沉稳（wěn）。

在酒宴上，楚成王跟重耳聊得很开心，他很喜欢重耳。酒足饭饱以后，楚成王忽然问重耳：“公子，如果有一天你回到晋国当了国君，你会怎样报答我？”

大家都看着重耳，这可是一个很难回答的问题，让晋国人觉得很紧张。

重耳站起来，向楚王拱（gǒng）了拱手，说：“金银财宝，山珍海味，所有这些好东西您这里应有尽有，已经多得不在乎了，所以我真想不出来拿什么报答大王您。”

拱手

这样回答，楚国人很不满意：这么说来，你不准备报答了吗？

楚成王也不满意，坚持问：“虽然是这样，可是你总得报答我，是不是？”

这个问题真的很难回答，重耳不想随便答应人家什么，可是大家都看着他，楚成王的大臣们都等着看重耳的笑话。

谁都没有想到，重耳最后说："要是我有幸能够回到晋国当国君的话，万一晋国没有办法，必须跟楚国打仗，那时我会退避（bì）三舍。"

一舍是30里，三舍就是90里。重耳的意思是：如果两国打仗，我会避让楚国，后退90里。

成语"退避三舍"就是从这儿来的。

楚国的大臣们都叫了起来，显然他们非常生气。令尹（yǐn）成得臣站起来说："大王，您对晋国公子可以说好到了极点，而他竟然还敢说要跟我们打仗，这样的人留着他干什么？杀了他算了。"令尹是楚国最大的官，跟其他国家的相国或者丞（chéng）相一样。

楚成王倒没有生气，他对成得臣说："你坐下。说一些好话还不容易？可是晋国公子不想说好话骗人，他说的是实话。这样的人应该受人尊敬，我们怎么能杀他呢？"

宴会总算结束了，重耳松（sōng）了一口气。好在楚成王是个明白人，没有听大臣们的主意。这些晋国人在楚国暂时没有危险。

可是，这并不是说以后也没有危险。那个成得臣就一直把晋国人当作敌人，想找机会杀掉他们。这一点重耳感觉到了，其他人也都感觉到了，所以待在楚国有危险。他们想走，可是没有找到借口。

在楚国住了几个月，从秦国传来了消息。

在秦国当人质的晋国太子圉，偷偷地逃回了晋国。因为晋惠公病了，病得很重，快要死了。

太子圉逃回去，不是因为担心他父亲的健康，他是担心国君的位子。家里有好几个弟弟，他要是不回去，就会让弟弟们抢了国君的位子。

秦国人对太子圉逃走很不满意，其实他们是对太子圉当晋国的国君不满意。这小子在秦国住了好几年，秦国人知道，他跟他父亲一样，也是一个白眼狼。秦国人希望重耳当晋国的国君，他们都喜欢重耳。

秦穆公听说重耳到了楚国，就打算把他接到秦国来，以后回到晋国去。

楚成王完全赞成重耳去秦国，他很真诚地对重耳说："楚国离晋国太远，要经过好几个国家才能到。秦国跟晋国是邻居，有他们帮着，你们回去更方便。而且，秦穆公是好人，他会帮你们的。"

楚成王是一个很有才能、很了不起的国君。他知道重耳以后会成为自己的对手，但是他喜欢重耳和他手下的这一帮人，他送走了他们，并且送了他们重礼。

重耳一伙人来到了秦国。

秦穆公很高兴，把 5 个公族女子送给重耳做老婆。

不久，晋惠公死了。既然太子圉已经回到了晋国，自然，他就当了晋国的国君，就是晋怀（huái）公。

晋怀公知道，拥护自己的人不多，很多人暗暗地拥护重耳，重耳有那么多能干的人帮他，说不定什么时候就打回来了。他心里很不安，想让重耳手下的那些人都离开重耳回晋国。

他的办法是把重耳手下那些人的家人都抓起来，跟他们说："叫你们的亲人回来，如果他们不回来，就把你们杀了。"

被抓起来的人中就有狐偃的父亲狐突。

"赶快叫你儿子狐偃回来，要不然我就杀了你。"晋怀公说。

狐突在心里骂道："你不知道我是谁啊？没有我会有你吗？"

狐突是晋怀公父亲夷吾的姥爷，也就是晋怀公的老姥爷。

狐突说："他已经跟着你伯父那么多年了，我现在叫他回来，那不是叫他背叛主人吗？我怎么能这么做呢？"

晋怀公很生气，真的把狐突杀了。

拥护 yōnghù 表示同意、支持。
姥爷 lǎoye 妈妈的爸爸。
背叛 bèipàn 由原来拥护，变成反对，并且做坏事。

狐突那时已经八十多岁了。连自己的老姥爷也敢杀，晋怀公的做法引起了晋国人的愤怒，大家都觉得这样的国君要不得。人们更加希望重耳回来，有些大臣还悄悄地到秦国去跟重耳联系。

狐偃和重耳知道这件事后都非常气愤，急着要回去给狐突报仇。秦穆公决定出兵帮助重耳回晋国，赶走晋怀公。

秦军带着重耳等人渡过黄河。他们一路上没遇到什么抵抗。

晋怀公派郤芮和吕省带兵去抵抗。重耳派人去劝郤芮和吕省投降。重耳答应他们，如果投降，保证不杀他们，还让他们照常当官。

郤芮和吕省因为没有出路，只好投降了。晋怀公的军队变成了重耳的军队。

晋怀公没办法，只好逃走，不久就被人杀死了。

公元前 636 年，重耳当了晋国国君，他就是历史上非常有名的晋文公。他在国外流亡了 19 年。

投降 tóuxiáng 打不过对方，放下武器，举起双手，不再打了。

晋文公争霸

晋文公最担心的是郤芮和吕省叛变。这两个人跟着夷吾做了很多坏事，本来应该杀掉以平民愤，不过既然他们已经投降，自己答应过他们照常当官，那就不能违背自己的话。

可是重耳也知道，这两个人本性很坏，他们一定会叛变，对自己下手。他们在暗处，自己在明处，重耳担心不知什么时候自己就会死在他们的手里。

有一天，忽然门口的卫兵来报告说："勃鞮要求见您。"

"勃鞮？那个臭太监，他来做什么？"重耳心里很紧张，这家伙两次追杀自己，难道是郤芮派他来杀自己的？

重耳说："不见。想当初，骊姬叫他杀我，给他两天时间，他一天就赶到了。后来夷吾叫他杀我，给他三天时间，他一天半就到了。他杀人也太积极了吧。趁着我还不想杀他，叫他滚蛋！"

可是勃鞮不肯走。他说："我当初杀您，那是奉（fèng）了国君的命令，我是忠于国君的忠臣。想当初，管仲射了小白一箭，小白还是让管仲当了相国（见《管仲和齐国的故事》）。现在您当了国君，就不肯见我，可见您是个小气鬼。我有重要消息告诉您呀，您把我

争霸　zhēngbà　抢着要当老大，让别人听自己的。
忠臣　zhōngchén　尽心尽力为国君做事的官。

赶走，您会后悔一辈子的。”

重耳一听，知道他不是来杀自己的，那就叫他进来吧。

勃鞮说：“郤芮和吕省正准备杀您。”

“他们想做什么？”

“他们已经商量好了，要在晚上火烧您的宫殿(diàn)，然后派人趁乱冲进来杀您。”

这是真的吗？当然是真的。

郤芮和吕省这几天一直很发愁，虽然重耳已经保证过不杀他们，可以照常做官。可是这种话靠得住吗？如果是他们自己，说过这样的话，是从来不算数的。所以不能太相信重耳的话，必须先下手。

他们想出了火烧宫殿的办法。派谁冲进宫里去杀重耳呢？除了派自己的家兵以外，还必须派一些有本事的高手，才能保证杀死重耳。于是，他们想到了勃鞮。

他们以为，勃鞮曾经两次去杀重耳，现在跟他们一定是一伙的。

勃鞮痛快地答应了。可是勃鞮不想再跟他们在一起了，他决定投到重耳这一边，所以偷偷地跑来告密。

这天晚上晋文公没有住在宫里。

晚上月黑风高，郤芮和吕省带着家兵，在宫里放起火来。住在宫里的人纷纷跑了出来，乱糟糟地喊着救火。这时，郤芮和吕省趁乱冲进宫里找重耳，可是他们没有找到重耳。找遍了宫里，哪儿都没有。

人呢？怎么回事？

很快，宫里的卫兵们包围了郤芮这一帮人。郤芮和吕省好不容易冲出包围，向外跑去。他们准备逃到秦国去。可是他们逃到黄河边时，还是被晋文公的人抓住了，这次重耳没有心软，让人把他们杀了。

重耳从狄国逃往齐国的时候，那个管家头须不是找不到了吗？他带着钱跑了，害得重耳在路上没有钱，吃了很多苦。

重耳当了国君以后，头须又找来了，要求见重耳。

重耳心里生气，心想："你还敢来见我？"他对卫兵说："我正在洗头，不见。"

头须说："当了国君，跟平民百姓结仇，害怕你的人就太多了。"

晋文公一听这话，心想："对啊，我为什么要跟他过不去？"就立刻接见了他。

对于其他曾经反对过自己的人，晋文公也都没有跟他们计较。

晋国终于安定下来了。

晋文公在晋国实行改革，把他们在齐国学到的管仲的那些办法用到了晋国，给老百姓带来很多好处。他手下那些跟着他一起流亡多年的人才，现在都人尽其才，成为重要的大臣，尽心尽力地为他办事。

几年以后，晋国就富裕（yù）强大起来了。

那时候的人，富裕强大以后就想着争霸，想当老大，想让别人服自己。晋国当然也是这样。

此时，周王室发生了动乱，周王的王位和王后都让弟弟抢去了。周王向晋国求救。

晋国人杀死了周王的弟弟，帮助周王恢复了王位，立了大功，在各国中造成了很大的影响，这显示了晋国的强大力量。

又过了几年，楚国联合郑国等几个小国，攻打宋国，宋国的情况很危急。宋国人想起，晋国公子重耳流亡的时候经过宋国，宋国曾经对重耳很好，交了这个朋友。现在重耳当了国君，晋国很强大，于是就到晋国去求救，请晋文公出兵帮助宋国。

重耳跟他的弟弟夷吾完全不一样。夷吾是有恩不报，有仇必报的人。重耳相反，他是有恩必报的人。想起别人对自己的帮助，他会很感激。

现在宋国有危险，自己不出兵去救，那是说不过去的。再说，这是争霸的好机会，所以，晋文公就一口答应下来了。

可是楚国对自己也有恩，晋文公觉得去打楚国也不太好。

他觉得很为难，问狐偃怎么办。

狐偃给他出主意，说："曹国和卫国是楚国的盟国，我们去打曹国和卫国，楚国一定会去救他们，这样他们就会从宋国撤军了。"

大家都说这个主意好，想当初，重耳经过这两个国家的时候，他们很不礼貌，这回打他们没说的。

晋国军队到曹国去，必须经过卫国。晋文公派人去借路，卫国人不借。于是晋国军队攻下了卫国的五鹿。五鹿就是12年前重耳向野人要饭的地方，当时狐偃说："这个地方12年后是我们晋国的。"现在果然被晋国占领了，时间正好过了12年。

卫国国君害怕了，要求跟晋国结盟。可是晋文公不许卫国加盟，卫国只好向楚国求救。

晋文公并没有马上去消灭卫国，他们停了下来。

楚国是一个大国，军队很强大，要战胜他们，晋文公并没有把握。所以他一方面派人跟齐国和秦国结盟，请他们也派兵攻打楚国，另一方面等着楚国从宋国撤军。

楚成王不想放弃宋国，不想从宋国撤军。但是大

盟国 méngguó 跟自己一起打敌人的国家。
撤军 chè jūn 后退，带着军队回去。

臣们都认为应该救卫国，要不然楚国就太丢脸。

最后楚成王决定，由成得臣带领一半人马继续攻打宋国，他自己带领另一半人马去救卫国。

楚成王不愿意跟晋国打仗，他知道晋文公和他手下的那帮将士们都很厉害，他担心自己会失败。走到半路又听到了坏消息：齐国的军队已经到了卫国，秦国的军队正在赶往卫国的路上。

天下总共楚、晋、齐、秦4个大国，现在那3个联合起来打自己一个，就算自己的军队全部都过来，也打不过，何况现在只来了一半人。

楚成王决定撤退，他没有再回宋国，而是撤到了申。

听说楚军撤退了，晋国人决定攻打曹国。他们很快就攻下了曹国国都，曹国国君和大臣们全都被捉住了。

楚成王觉得这仗没法打，决定全面撤军。可是正在围攻宋国首都的成得臣却不肯撤军。成得臣喜欢打仗，他对晋国人很不服气。就这样白白地把卫国和曹国送给晋国了吗？他不肯撤军，请求让他带着楚军去跟晋国人决战。

楚成王没办法，只好答应他带那一半楚军从宋国撤出来，去曹国。

到了曹国，成得臣派人去向晋国人下战书。可是派去的人回来说，晋国人不见了。

怎么回事？他们害怕了吗？

一打听才知道，原来晋国人后退了 90 里，一直退到了卫国的城濮（pǔ）。

晋国人为什么要后退？

因为重耳在楚国流亡的时候曾经说过，如果不得不跟楚军打仗，就后退 90 里（退避三舍），表示不愿意跟楚国人打仗。他现在说话算数。

如果换了别人，也许会想，既然晋国撤军了，那我楚国也撤军吧。这样的话，这仗就打不起来了。

可是成得臣不是这样的人，他是一个战争狂，下决心要把晋国人打败。“追！”他发出命令。

于是，双方大战，这就是历史上有名的城濮之战。结果，晋国人打得非常漂亮，楚国人大败，楚军几乎损失了一半人马。

成得臣带着败军逃走了。晋文公叫晋军不要追击，放他们走了，算是对楚王的回报。

楚成王非常生气，大骂成得臣。在那以前，楚国人从来没有打过败仗。

成得臣觉得很丢脸，自杀了。

战争狂 zhànzhēngkuáng 为了战争，失去理智的人；疯狂地喜欢打仗的人。

打败了楚国，晋国成了当时力量最强大的国家。

晋文公请各国国君去朝拜周王。周王让晋文公在郑国的践（jiàn）土修建行宫，他在那里接见晋文公和各国国君。

晋国把跟楚国战争中得到的财宝和100辆战车，以及俘虏的1000名楚国士兵献给周王。

周王也奖励了晋文公。各国国君在践土会盟，推晋文公为盟主。

晋文公成了春秋时期继齐桓公之后的第二个霸主。

以后几年，天下太平，没有战争，也没有天灾。

公元前628年冬天，晋文公死了。他当国君只有9年时间。在这前后，曾经跟着他流亡国外的舅舅狐偃、老师赵衰、大将魏犨等人先后都死了。这一代人过去了。

晋文公去世以前，指定他的大儿子当太子，并且把其他的儿子都送到国外去居住，以免兄弟之间为争夺国君的位子你杀我，我杀你。后来这成了晋国的规定。

可是晋国大臣之间争权夺利越来越严重，他们互相残（cán）杀。先轸的后代、赵衰的后代等几家都被灭

以免 yǐmiǎn 为了使不好的事不发生。

争权夺利 zhēngquán-duólì 为了权力和好处打起来，你害我，我害你。

族。晋国虽然仍是大国，可是越来越走向衰落。国君的权力也越来越小，大臣的权力越来越大。

最后韩、赵、魏三家大臣分了晋国的土地，建立了韩国、赵国和魏国三个国家。

公元前403年晋国灭亡。

衰落 shuāiluò 慢慢地由强大变成弱小。

生词表

B		
罢休	bàxiū	28
榜样	bǎngyàng	69
背叛	bèipàn	81
崩塌	bēngtā	51
C		
残酷	cánkù	24
惨	cǎn	54
撤军	chè jūn	88
臣子	chénzǐ	2
仇	chóu	58
唇亡齿寒	chúnwáng-chǐhán	10
祠	cí	7
D		
打猎	dǎ liè	20
大夫	dàfū	14
毒	dú	21
E		
恩	ēn	58
F		
烦恼	fánnǎo	17
俘虏	fúlǔ	54
G		
滚蛋	gǔndàn	50
H		
害羞	hàixiū	71
贿赂	huìlù	11
浑蛋	húndàn	43
J		
建议	jiànyì	41
舅舅	jiùjiu	59
聚	jù	59
K		
坑	kēng	52
L		
赖账	lài zhàng	55
姥爷	lǎoye	81
愣	lèng	64

附录：第三级 1200 字表

A

阿　啊　挨　矮　爱　安　岸　按　暗　傲

B

八　吧　拔　把　爸　白　百　摆　败　拜　班　般　搬
板　办　半　帮　傍　包　饱　宝　保　报　抱　杯　北
备　背　倍　被　本　笨　逼　鼻　比　笔　必　闭　避
边　编　变　便　遍　表　别　冰　兵　饼　并　病　脖
补　不　布　步　部

C

擦　猜　才　材　采　彩　踩　菜　参　餐　藏　草　厕
层　差　插　茶　查　拆　柴　产　长　尝　常　场　唱
抄　超　朝　吵　车　尘　沉　晨　称　趁　成　诚　承
城　乘　程　吃　池　迟　持　尺　齿　冲　虫　愁　丑
臭　出　初　除　处　楚　穿　传　船　窗　床　吹　春
词　此　次　刺　聪　从　粗　催　村　错

D

打　达　答　大　呆　待　代　带　袋　戴　单　担　胆

但 淡 弹 蛋 当 挡 刀 导 岛 倒 到 道 得
德 地 的 底 灯 等 低 敌 弟 递 第 点 店
钓 调 掉 跌 顶 订 定 丢 东 冬 懂 动 冻
洞 都 斗 抖 读 独 肚 堵 度 渡 端 短 段
断 堆 队 对 蹲 顿 多 夺 朵 躲

E

鹅 恶 饿 儿 而 耳 二

F

发 法 翻 烦 反 犯 饭 方 防 房 访 放 飞
非 费 分 纷 粉 份 奋 愤 风 封 夫 扶 服
福 府 父 付 负 妇 附 复 副 富

G

该 改 盖 概 干 赶 敢 感 刚 钢 高 搞 告
哥 割 歌 隔 个 各 给 根 跟 更 工 弓 公
功 攻 供 宫 共 沟 狗 购 够 估 姑 古 骨
鼓 故 顾 刮 挂 怪 关 观 官 管 惯 光 广
规 鬼 贵 跪 滚 过 国 果

H

还 孩 海 害 寒 喊 汉 汗 号 好 喝 合 何
和 河 盒 吓 贺 黑 很 恨 红 后 候 乎 呼

忽 胡 湖 糊 虎 互 户 护 花 化 划 画 话
坏 欢 换 荒 慌 黄 灰 挥 恢 回 悔 会 昏
婚 混 活 火 伙 或 货 获

J

击 圾 机 鸡 积 激 及 级 极 即 急 集 几
己 挤 计 记 纪 技 系 际 季 迹 济 既 继
寄 绩 加 家 假 价 驾 架 嫁 稼 尖 坚 间
肩 捡 检 减 剪 简 见 件 建 健 渐 箭 江
将 讲 奖 降 交 郊 骄 教 角 脚 叫 较 接
街 节 结 姐 解 介 界 借 斤 今 金 仅 紧
尽 进 近 劲 禁 京 经 惊 睛 精 景 净 竟
敬 静 境 镜 九 久 酒 旧 救 就 居 举 句
拒 具 据 卷 决 觉 绝 军

K

卡 开 砍 看 康 扛 抗 考 烤 靠 科 棵 颗
可 渴 克 刻 客 课 肯 空 恐 口 哭 苦 块
快 筷 宽 况 捆 困 扩

L

垃 拉 啦 落 来 拦 蓝 篮 懒 烂 郎 狼 劳
老 乐 了 累 泪 类 冷 离 礼 里 理 力 历

厉 立 丽 利 励 例 俩 连 怜 联 脸 练 良
凉 量 粮 两 亮 谅 辆 聊 料 邻 林 临 零
龄 令 领 另 留 流 六 楼 路 旅 绿 乱 论
轮

M

妈 吗 麻 马 骂 么 埋 买 卖 满 慢 忙 毛
冒 帽 貌 没 每 美 妹 门 们 梦 迷 米 秘
密 面 灭 民 名 明 命 摸 母 木 目

N

拿 哪 那 奶 男 南 难 脑 闹 呢 内 能 泥
你 年 念 娘 鸟 您 牛 农 弄 努 怒 女 暖

P

爬 怕 拍 排 派 乓 旁 胖 跑 陪 盆 朋 碰
批 皮 疲 脾 匹 片 偏 篇 骗 漂 飘 票 拼
品 乒 平 瓶 坡 婆 破 扑 普

Q

七 妻 戚 期 欺 齐 其 奇 骑 旗 起 气 弃
汽 器 千 牵 前 钱 浅 欠 枪 强 墙 抢 悄
敲 桥 切 且 侵 亲 青 轻 清 情 晴 请 庆
穷 秋 求 球 区 取 去 全 劝 缺 却 确 群

R

然 嚷 让 扰 绕 热 人 忍 认 任 扔 仍 日

容 肉 如 入 软 弱

S

撒 赛 三 伞 散 扫 嫂 色 杀 沙 傻 晒 山

闪 善 伤 商 上 烧 稍 少 绍 蛇 舍 设 社

射 伸 身 深 神 升 生 声 绳 省 胜 剩 失

师 湿 十 什 石 时 识 实 拾 食 史 使 始

士 示 世 市 式 势 事 试 视 是 适 室 收

手 守 首 受 瘦 书 叔 舒 输 熟 数 术 束

树 摔 双 谁 水 说 睡 顺 私 思 撕 死 四

送 诉 速 酸 算 虽 随 岁 碎 损 所 锁

T

他 它 她 台 抬 太 态 谈 汤 堂 糖 躺 趟

逃 讨 套 特 疼 梯 踢 提 题 体 替 天 田

甜 挑 条 跳 贴 铁 厅 听 庭 停 挺 通 同

铜 童 统 桶 痛 偷 头 透 突 图 途 涂 土

团 推 腿 退 拖 脱

W

挖 外 弯 完 玩 晚 碗 万 王 往 忘 望 危

为 围 伟 卫 未 位 味 胃 喂 温 文 闻 问
我 握 屋 无 五 午 伍 武 舞 务 物 误 雾

X

西 吸 希 息 悉 惜 习 洗 喜 细 下 夏 先
鲜 闲 显 险 县 现 线 献 乡 相 香 箱 响
想 向 像 消 小 校 笑 些 鞋 写 血 谢 心
辛 新 信 兴 星 行 形 醒 幸 性 姓 兄 胸
休 修 秀 袖 须 需 许 续 选 学 雪

Y

压 呀 牙 烟 严 言 颜 眼 演 宴 验 扬 羊
阳 养 样 腰 摇 咬 药 要 爷 也 野 业 叶
页 夜 一 衣 医 宜 移 疑 已 以 椅 义 异
易 意 因 阴 音 姻 银 引 应 英 迎 营 赢
影 硬 永 勇 用 优 由 油 游 友 有 又 右
于 鱼 雨 语 玉 预 遇 元 园 员 原 圆 援
远 怨 院 愿 约 月 越 晕 云 运

Z

杂 砸 灾 再 在 暂 赞 脏 糟 早 澡 造 责
怎 曾 增 摘 展 占 战 站 掌 丈 着 找 照
者 这 真 阵 争 征 睁 整 正 证 之 支 只

知　织　直　职　止　纸　指　志　治　中　终　种　众
重　周　猪　主　助　住　注　祝　抓　专　转　装　撞
追　准　捉　桌　子　自　字　总　走　租　足　族　组
祖　嘴　最　醉　尊　作　昨　左　坐　座　做